All rights reserved. This book or any portion thereof may not be reproduced or used in any manner whatsoever without the express written permission of the publisher.
River Breeze Press 2018 First Printing

This book belongs to:

_____

_____

Hike	Page

Hike

Page

Hike   Page

Hike

	Page

Hike/Trail Name: _____

Date: _____   Distance: _____

Location: _____

Companions: _____

Weather
Temperature: _____

☀️ ⛅ ☁️ 🌧️
_____
_____

Difficulty/Trail Description

1   2   3   4   5
_____
_____

Best three things about the hike:

1. _____

2. _____

3. _____

Description/Highlights: _____

_____
_____
_____
_____
_____
_____
_____
_____

Hike Overall Rating
☆ ☆ ☆ ☆ ☆

Hike/Trail Name: _____

Date: _____   Distance: _____

Location: _____

Companions: _____

Weather
Temperature: _____

☀️ 🌦️ ☁️ 🌧️

Difficulty/Trail Description
1   2   3   4   5

_____

Best three things about the hike:

1. _____

2. _____

3. _____

Description/Highlights: _____

_____

_____

_____

_____

_____

_____

_____

Hike Overall Rating
☆ ☆ ☆ ☆ ☆

Hike/Trail Name: _____

Date: _____ Distance: _____

Location: _____

Companions: _____

Weather

Temperature: _____

☀️ 🌦️ ☁️ 🌧️

_____

Difficulty/Trail Description

1   2   3   4   5

_____

Best three things about the hike:

1. _____

2. _____

3. _____

Description/Highlights: _____

_____

_____

_____

_____

_____

_____

_____

_____

Hike Overall Rating

☆ ☆ ☆ ☆ ☆

Hike/Trail Name: _____

Date: _____   Distance: _____

Location: _____

Companions: _____

Weather

Temperature: _____

Difficulty/Trail Description

1   2   3   4   5

Best three things about the hike:

1. _____

2. _____

3. _____

Description/Highlights: _____

_____

_____

_____

_____

_____

_____

_____

Hike Overall Rating

☆ ☆ ☆ ☆ ☆

Hike/Trail Name: _____

Date: _____   Distance: _____

Location: _____

Companions: _____

Weather
Temperature: _____

☀ ⛅ ☁ 🌧

_____
_____

Difficulty/Trail Description

🚶 🚶‍🦯 🧗
1   2   3   4   5

_____
_____

Best three things about the hike:

1. _____

2. _____

3. _____

Description/Highlights: _____

_____
_____
_____
_____
_____
_____
_____
_____

Hike Overall Rating
☆ ☆ ☆ ☆ ☆

Hike/Trail Name: _____

Date: _____   Distance: _____

Location: _____

Companions: _____

Weather
Temperature: _____

☀ ⛅ ☁ 🌧

_____
_____

Difficulty/Trail Description

🚶 🚶‍♂️ 🧗
1   2   3   4   5

_____
_____

Best three things about the hike:

1. _____

2. _____

3. _____

Description/Highlights: _____

_____
_____
_____
_____
_____
_____
_____
_____

Hike Overall Rating
☆ ☆ ☆ ☆ ☆

Hike/Trail Name: _____

Date: _____ Distance: _____

Location: _____

Companions: _____

Weather
Temperature: _____

☀ ⛅ ☁ 🌧

Difficulty/Trail Description

1   2   3   4   5

Best three things about the hike:

1. _____

2. _____

3. _____

Description/Highlights: _____

_____

_____

_____

_____

_____

_____

_____

Hike Overall Rating

☆ ☆ ☆ ☆ ☆

Hike/Trail Name: _____

Date: _____   Distance: _____

Location: _____

Companions: _____

Weather
Temperature: _____

☀️ 🌦️ ☁️ 🌧️

_____
_____

Difficulty/Trail Description

🚶   🚶‍♂️   🧗
1   2   3   4   5

_____
_____

Best three things about the hike:

1. _____

2. _____

3. _____

Description/Highlights: _____

_____
_____
_____
_____
_____
_____
_____

Hike Overall Rating
☆ ☆ ☆ ☆ ☆

Hike/Trail Name: _____

Date: _____ Distance: _____

Location: _____

Companions: _____

Weather
Temperature: _____

☀️ 🌦️ ☁️ 🌧️

_____
_____

Difficulty/Trail Description

1   2   3   4   5

_____
_____

Best three things about the hike:

1. _____

2. _____

3. _____

Description/Highlights: _____

_____
_____
_____
_____
_____
_____
_____
_____

Hike Overall Rating
☆ ☆ ☆ ☆ ☆

Hike/Trail Name: _____

Date: _____   Distance: _____

Location: _____

Companions: _____

Weather
Temperature: _____

☀️ 🌦️ ☁️ 🌧️

_____
_____

Difficulty/Trail Description

1   2   3   4   5

_____
_____

Best three things about the hike:

1. _____

2. _____

3. _____

Description/Highlights: _____

_____
_____
_____
_____
_____
_____
_____
_____

Hike Overall Rating
☆ ☆ ☆ ☆ ☆

Hike/Trail Name: _____

Date: _____ Distance: _____

Location: _____

Companions: _____

Weather
Temperature: _____

☀ ⛈ ☁ 🌧

_____
_____

Difficulty/Trail Description

1 2 3 4 5

_____
_____

Best three things about the hike:

1. _____

2. _____

3. _____

Description/Highlights: _____

_____
_____
_____
_____
_____
_____
_____
_____

Hike Overall Rating
☆ ☆ ☆ ☆ ☆

Hike/Trail Name: _____

Date: _____   Distance: _____

Location: _____

Companions: _____

Weather
Temperature: _____

Difficulty/Trail Description
1   2   3   4   5

Best three things about the hike:

1. _____

2. _____

3. _____

Description/Highlights: _____

_____

_____

_____

_____

_____

_____

_____

Hike Overall Rating
☆ ☆ ☆ ☆ ☆

Hike/Trail Name: _____

Date: _____   Distance: _____

Location: _____

Companions: _____

Weather
Temperature: _____

Difficulty/Trail Description
1 2 3 4 5

Best three things about the hike:

1. _____

2. _____

3. _____

Description/Highlights: _____

_____

_____

_____

_____

_____

_____

_____

_____

Hike Overall Rating
☆ ☆ ☆ ☆ ☆

Hike/Trail Name: _____

Date: _____ Distance: _____

Location: _____

Companions: _____

Weather
Temperature: _____

☀ 🌦 ☁ 🌧

Difficulty/Trail Description

1 2 3 4 5

Best three things about the hike:
1. _____
2. _____
3. _____

Description/Highlights: _____

_____

_____

_____

_____

_____

_____

_____

Hike Overall Rating
☆ ☆ ☆ ☆ ☆

14

Hike/Trail Name: _____

Date: _____   Distance: _____

Location: _____

Companions: _____

Weather
Temperature: _____

☀ ⛅ ☁ 🌧

_____

Difficulty/Trail Description

1   2   3   4   5

_____

Best three things about the hike:

1. _____

2. _____

3. _____

Description/Highlights: _____

_____

_____

_____

_____

_____

_____

_____

_____

Hike Overall Rating
☆ ☆ ☆ ☆ ☆

Hike/Trail Name: _____

Date: _____ Distance: _____

Location: _____

Companions: _____

Weather
Temperature: _____

☀ ⛅ ☁ 🌧

_____
_____

Difficulty/Trail Description

🚶   🚶‍♂️   🧗
1   2   3   4   5

_____
_____

Best three things about the hike:

1. _____

2. _____

3. _____

Description/Highlights: _____

_____
_____
_____
_____
_____
_____
_____

Hike Overall Rating
☆ ☆ ☆ ☆ ☆

Hike/Trail Name: _____

Date: _____   Distance: _____

Location: _____

Companions: _____

Weather
Temperature: _____

Difficulty/Trail Description

1   2   3   4   5

Best three things about the hike:

1. _____

2. _____

3. _____

Description/Highlights: _____

_____

_____

_____

_____

_____

_____

_____

Hike Overall Rating
☆ ☆ ☆ ☆ ☆

Hike/Trail Name: _____

Date: _____ Distance: _____

Location: _____

Companions: _____

Weather
Temperature: _____

☀ 🌦 ☁ 🌧

Difficulty/Trail Description

🚶 , 🚶‍ 🧗

1   2   3   4   5

Best three things about the hike:

1. _____

2. _____

3. _____

Description/Highlights: _____

_____

_____

_____

_____

_____

_____

Hike Overall Rating
☆ ☆ ☆ ☆ ☆

Hike/Trail Name: _____

Date: _____   Distance: _____

Location: _____

Companions: _____

Weather

Temperature: _____

☀ ⛅ ☁ 🌧

Difficulty/Trail Description

1   2   3   4   5

Best three things about the hike:

1. _____

2. _____

3. _____

Description/Highlights: _____

_____

_____

_____

_____

_____

_____

_____

_____

Hike Overall Rating

☆ ☆ ☆ ☆ ☆

Hike/Trail Name: _____

Date: _____ Distance: _____

Location: _____

Companions: _____

Weather
Temperature: _____

☀ 🌦 ☁ 🌧

Difficulty/Trail Description

1 2 3 4 5

Best three things about the hike:

1. _____

2. _____

3. _____

Description/Highlights: _____

_____

_____

_____

_____

_____

_____

Hike Overall Rating
☆ ☆ ☆ ☆ ☆

Hike/Trail Name: _____

Date: _____   Distance: _____

Location: _____

Companions: _____

Weather
Temperature: _____

Difficulty/Trail Description

1   2   3   4   5

Best three things about the hike:

1. _____

2. _____

3. _____

Description/Highlights: _____

_____
_____
_____
_____
_____
_____
_____
_____

Hike Overall Rating

Hike/Trail Name: _____

Date: _____ Distance: _____

Location: _____

Companions: _____

Weather
Temperature: _____

Difficulty/Trail Description
1 2 3 4 5

Best three things about the hike:

1. _____

2. _____

3. _____

Description/Highlights: _____

_____

_____

_____

_____

_____

_____

_____

Hike Overall Rating
☆ ☆ ☆ ☆ ☆

Hike/Trail Name: _____

Date: _____   Distance: _____

Location: _____

Companions: _____

Weather
Temperature: _____

Difficulty/Trail Description
1   2   3   4   5

Best three things about the hike:

1. _____

2. _____

3. _____

Description/Highlights: _____

_____

_____

_____

_____

_____

_____

_____

Hike Overall Rating

Hike/Trail Name: _____

Date: _____ Distance: _____

Location: _____

Companions: _____

Weather
Temperature: _____

☀ 🌦 ☁ 🌧

Difficulty/Trail Description

🚶 , 🚶‍♂️/ , 🧗

1   2   3   4   5

Best three things about the hike:

1. _____

2. _____

3. _____

Description/Highlights: _____

_____

_____

_____

_____

_____

_____

Hike Overall Rating
☆ ☆ ☆ ☆ ☆

Hike/Trail Name: _____

Date: _____   Distance: _____

Location: _____

Companions: _____

Weather

Temperature: _____

☀ ⛅ ☁ 🌧

Difficulty/Trail Description

1   2   3   4   5

Best three things about the hike:

1. _____

2. _____

3. _____

Description/Highlights: _____

_____

_____

_____

_____

_____

_____

_____

_____

Hike Overall Rating

☆ ☆ ☆ ☆ ☆

Hike/Trail Name: _____

Date: _____   Distance: _____

Location: _____

Companions: _____

Weather
Temperature: _____

☀️   🌦️   ☁️   🌧️

_____
_____

Difficulty/Trail Description

1   2   3   4   5

_____
_____

Best three things about the hike:

1. _____

2. _____

3. _____

Description/Highlights: _____

_____
_____
_____
_____
_____
_____
_____

Hike Overall Rating
☆ ☆ ☆ ☆ ☆

Hike/Trail Name: _____

Date: _____   Distance: _____

Location: _____

Companions: _____

Weather

Temperature: _____

☀ 🌦 ☁ 🌧

_____
_____

Difficulty/Trail Description

| 🚶 | | 🚶‍♂ | | 🧗 |
| 1 | 2 | 3 | 4 | 5 |

_____
_____

Best three things about the hike:

1. _____

2. _____

3. _____

Description/Highlights: _____

_____

_____

_____

_____

_____

_____

_____

_____

Hike Overall Rating

    ☆

Hike/Trail Name: _____

Date: _____ Distance: _____

Location: _____

Companions: _____

Weather
Temperature: _____

☀ 🌦 ☁ 🌧

_____
_____

Difficulty/Trail Description

1   2   3   4   5

_____
_____

Best three things about the hike:

1. _____

2. _____

3. _____

Description/Highlights: _____

_____
_____
_____
_____
_____
_____
_____
_____

Hike Overall Rating
☆ ☆ ☆ ☆ ☆

Hike/Trail Name: _____

Date: _____   Distance: _____

Location: _____

Companions: _____

Weather
Temperature: _____

Difficulty/Trail Description
1   2   3   4   5

_____

Best three things about the hike:
1. _____
2. _____
3. _____

Description/Highlights: _____
_____
_____
_____
_____
_____
_____
_____

Hike Overall Rating

Hike/Trail Name: _____

Date: _____   Distance: _____

Location: _____

Companions: _____

Weather
Temperature: _____

☀️ 🌦️ ☁️ 🌧️

_____
_____

Difficulty/Trail Description

🚶   🚶‍♂️   🧗
1   2   3   4   5

_____
_____

Best three things about the hike:

1. _____

2. _____

3. _____

Description/Highlights: _____

_____

_____

_____

_____

_____

_____

Hike Overall Rating
☆ ☆ ☆ ☆ ☆

Hike/Trail Name: _____

Date: _____ Distance: _____

Location: _____

Companions: _____

Weather

Temperature: _____

☀ ⛅ ☁ 🌧

Difficulty/Trail Description

1   2   3   4   5

Best three things about the hike:

1. _____

2. _____

3. _____

Description/Highlights: _____

_____

_____

_____

_____

_____

_____

_____

Hike Overall Rating

☆ ☆ ☆ ☆ ☆

Hike/Trail Name: _____

Date: _____   Distance: _____

Location: _____

Companions: _____

Weather	Difficulty/Trail Description
Temperature: _____ ☀ ⛅ ☁ 🌧 1 2 3 4 5	

Best three things about the hike:

1. _____

2. _____

3. _____

Description/Highlights: _____

_____

_____

_____

_____

_____

_____

_____

Hike Overall Rating
☆ ☆ ☆ ☆ ☆

Hike/Trail Name: _____

Date: _____   Distance: _____

Location: _____

Companions: _____

Weather

Temperature: _____

☀ ⛅ ☁ 🌧

_____
_____

Difficulty/Trail Description

1   2   3   4   5

_____

Best three things about the hike:

1. _____

2. _____

3. _____

Description/Highlights: _____

_____
_____
_____
_____
_____
_____
_____
_____

Hike Overall Rating

☆ ☆ ☆ ☆ ☆

Hike/Trail Name: _____

Date: _____   Distance: _____

Location: _____

Companions: _____

Weather
Temperature: _____

☀ ⛈ ☁ 🌧

Difficulty/Trail Description
1   2   3   4   5

Best three things about the hike:

1. _____

2. _____

3. _____

Description/Highlights: _____

_____

_____

_____

_____

_____

_____

_____

Hike Overall Rating
☆ ☆ ☆ ☆ ☆

Hike/Trail Name: _____

Date: _____   Distance: _____

Location: _____

Companions: _____

Weather
Temperature: _____

☀ 🌦 ☁ 🌧

_____
_____

Difficulty/Trail Description

| 1 | 2 | 3 | 4 | 5 |

_____
_____

Best three things about the hike:

1. _____

2. _____

3. _____

Description/Highlights: _____

_____
_____
_____
_____
_____
_____
_____

Hike Overall Rating
☆ ☆ ☆ ☆ ☆

Hike/Trail Name: _____

Date: _____ Distance: _____

Location: _____

Companions: _____

Weather
Temperature: _____

☀️ ⛅🌧 ☁️ 🌧

Difficulty/Trail Description

1   2   3   4   5

Best three things about the hike:

1. _____

2. _____

3. _____

Description/Highlights: _____

_____

_____

_____

_____

_____

_____

Hike Overall Rating
☆ ☆ ☆ ☆ ☆

36

Hike/Trail Name: _____

Date: _____   Distance: _____

Location: _____

Companions: _____

Weather
Temperature: _____

☀ ⛅ ☁ 🌧

Difficulty/Trail Description

🚶 , 🚶‍ , 🚶‍ , 🧗
1   2   3   4   5

Best three things about the hike:
1. _____
2. _____
3. _____

Description/Highlights: _____

_____

_____

_____

_____

_____

_____

_____

Hike Overall Rating
☆ ☆ ☆ ☆ ☆

37

Hike/Trail Name: _____

Date: _____   Distance: _____

Location: _____

Companions: _____

Weather
Temperature: _____

Difficulty/Trail Description
1   2   3   4   5

Best three things about the hike:
1. _____
2. _____
3. _____

Description/Highlights: _____

_____

_____

_____

_____

_____

_____

_____

Hike Overall Rating

38

Hike/Trail Name: _____

Date: _____   Distance: _____

Location: _____

Companions: _____

Weather

Temperature: _____

☀︎ ⛅ ☁︎ 🌧

_____
_____

Difficulty/Trail Description

1   2   3   4   5

_____
_____

Best three things about the hike:

1. _____

2. _____

3. _____

Description/Highlights: _____

_____
_____
_____
_____
_____
_____
_____
_____

Hike Overall Rating

☆ ☆ ☆ ☆ ☆

Hike/Trail Name: _____

Date: _____   Distance: _____

Location: _____

Companions: _____

Weather
Temperature: _____

☀️ 🌦️ ☁️ 🌧️

_____
_____

Difficulty/Trail Description

1   2   3   4   5

_____
_____

Best three things about the hike:

1. _____

2. _____

3. _____

Description/Highlights: _____

_____
_____
_____
_____
_____
_____
_____

Hike Overall Rating
☆ ☆ ☆ ☆ ☆

Hike/Trail Name: _____

Date: _____   Distance: _____

Location: _____

Companions: _____

Weather
Temperature: _____

Difficulty/Trail Description
1   2   3   4   5

Best three things about the hike:

1. _____

2. _____

3. _____

Description/Highlights: _____

_____

_____

_____

_____

_____

_____

_____

Hike Overall Rating
☆ ☆ ☆ ☆ ☆

Hike/Trail Name: _____

Date: _____ Distance: _____

Location: _____

Companions: _____

Weather
Temperature: _____

☀ ⛅ ☁ 🌧

_____
_____

Difficulty/Trail Description
1 2 3 4 5

_____
_____

Best three things about the hike:

1. _____

2. _____

3. _____

Description/Highlights: _____

_____
_____
_____
_____
_____
_____
_____

Hike Overall Rating
☆ ☆ ☆ ☆ ☆

Hike/Trail Name: _____

Date: _____ Distance: _____

Location: _____

Companions: _____

Weather

Temperature: _____

☀ ⛈ ☁ 🌧

Difficulty/Trail Description

1   2   3   4   5

Best three things about the hike:

1. _____

2. _____

3. _____

Description/Highlights: _____

_____
_____
_____
_____
_____
_____
_____

Hike Overall Rating

☆ ☆ ☆ ☆ ☆

Hike/Trail Name: _____

Date: _____   Distance: _____

Location: _____

Companions: _____

Weather

Temperature: _____

Difficulty/Trail Description

1   2   3   4   5

Best three things about the hike:

1. _____

2. _____

3. _____

Description/Highlights: _____

_____

_____

_____

_____

_____

_____

_____

Hike Overall Rating

☆ ☆ ☆ ☆ ☆

Hike/Trail Name: _____

Date: _____ Distance: _____

Location: _____

Companions: _____

Weather
Temperature: _____

☀ ⛅ ☁ 🌧

Difficulty/Trail Description

🚶 🚶‍♂️ 🧗
1   2   3   4   5

Best three things about the hike:
1. _____
2. _____
3. _____

Description/Highlights: _____

_____
_____
_____
_____
_____
_____
_____

Hike Overall Rating
☆ ☆ ☆ ☆ ☆

Hike/Trail Name: _____

Date: _____   Distance: _____

Location: _____

Companions: _____

Weather
Temperature: _____

☀ 🌦 ☁ 🌧

Difficulty/Trail Description
1 2 3 4 5

_____
_____

Best three things about the hike:
1. _____
2. _____
3. _____

Description/Highlights: _____
_____
_____
_____
_____
_____
_____

Hike Overall Rating
☆ ☆ ☆ ☆ ☆

Hike/Trail Name: _____

Date: _____   Distance: _____

Location: _____

Companions: _____

Weather
Temperature: _____

☀ ⛅ ☁ 🌧

_____
_____

Difficulty/Trail Description
1   2   3   4   5

_____
_____

Best three things about the hike:

1. _____

2. _____

3. _____

Description/Highlights: _____

_____
_____
_____
_____
_____
_____
_____
_____

Hike Overall Rating
☆ ☆ ☆ ☆ ☆

Hike/Trail Name: _____

Date: _____   Distance: _____

Location: _____

Companions: _____

Weather	Difficulty/Trail Description
Temperature: _____ ☀ ⛅ ☁ 🌧	🚶 🥾 🧗 1 2 3 4 5

Best three things about the hike:

1. _____

2. _____

3. _____

Description/Highlights: _____

_____

_____

_____

_____

_____

_____

_____

Hike Overall Rating
☆ ☆ ☆ ☆ ☆

Hike/Trail Name: _____

Date: _____ Distance: _____

Location: _____

Companions: _____

Weather

Temperature: _____

☀ ⛅ ☁ 🌧

_____
_____

Difficulty/Trail Description

1   2   3   4   5

_____
_____

Best three things about the hike:

1. _____

2. _____

3. _____

Description/Highlights: _____

_____
_____
_____
_____
_____
_____
_____
_____

Hike Overall Rating

☆ ☆ ☆ ☆ ☆

Hike/Trail Name: _____

Date: _____   Distance: _____

Location: _____

Companions: _____

Weather	Difficulty/Trail Description
Temperature: _____ ☀ ⛅ ☁ 🌧 _____	1 2 3 4 5 _____

Best three things about the hike:

1. _____

2. _____

3. _____

Description/Highlights: _____

_____

_____

_____

_____

_____

_____

_____

Hike Overall Rating
☆ ☆ ☆ ☆ ☆

Hike/Trail Name: _____

Date: _____   Distance: _____

Location: _____

Companions: _____

Weather
Temperature: _____

Difficulty/Trail Description
1   2   3   4   5

Best three things about the hike:

1. _____

2. _____

3. _____

Description/Highlights: _____

Hike Overall Rating

Hike/Trail Name: _____

Date: _____ Distance: _____

Location: _____

Companions: _____

Weather
Temperature: _____

☀ 🌦 ☁ 🌧

Difficulty/Trail Description
1   2   3   4   5

Best three things about the hike:

1. _____

2. _____

3. _____

Description/Highlights: _____

_____

_____

_____

_____

_____

_____

Hike Overall Rating
☆ ☆ ☆ ☆ ☆

Hike/Trail Name: _____

Date: _____   Distance: _____

Location: _____

Companions: _____

Weather
Temperature: _____

☀ ⛈ ☁ 🌧

_____
_____

Difficulty/Trail Description

🚶 　　🚶‍♂️ 　　🧗
1　　2　　3　　4　　5

_____
_____

Best three things about the hike:

1. _____

2. _____

3. _____

Description/Highlights: _____

_____
_____
_____
_____
_____
_____
_____

Hike Overall Rating
☆ ☆ ☆ ☆ ☆

Hike/Trail Name: _____

Date: _____   Distance: _____

Location: _____

Companions: _____

Weather
Temperature: _____

☀️ 🌦 ☁️ 🌧

Difficulty/Trail Description
1   2   3   4   5

Best three things about the hike:
1. _____
2. _____
3. _____

Description/Highlights: _____

_____

_____

_____

_____

_____

_____

Hike Overall Rating
☆ ☆ ☆ ☆ ☆

54

Hike/Trail Name: _____

Date: _____ Distance: _____

Location: _____

Companions: _____

Weather
Temperature: _____

☀ ⛅ ☁ 🌧

_____
_____

Difficulty/Trail Description

| 1 | 2 | 3 | 4 | 5 |

_____
_____

Best three things about the hike:
1. _____
2. _____
3. _____

Description/Highlights: _____

_____
_____
_____
_____
_____
_____
_____
_____

Hike Overall Rating
☆ ☆ ☆ ☆ ☆

Hike/Trail Name: _____

Date: _____   Distance: _____

Location: _____

Companions: _____

Weather

Temperature: _____

☀️ ⛅ ☁️ 🌧️

_____
_____

Difficulty/Trail Description

1   2   3   4   5

_____
_____

Best three things about the hike:

1. _____

2. _____

3. _____

Description/Highlights: _____

_____
_____
_____
_____
_____
_____
_____

Hike Overall Rating

☆ ☆ ☆ ☆ ☆

Hike/Trail Name: _____

Date: _____   Distance: _____

Location: _____

Companions: _____

Weather
Temperature: _____

☀️ 🌦 ☁️ 🌧

_____
_____

Difficulty/Trail Description

🚶   🚶‍♂️   🧗
1   2   3   4   5

_____
_____

Best three things about the hike:

1. _____

2. _____

3. _____

Description/Highlights: _____

_____

_____

_____

_____

_____

_____

_____

Hike Overall Rating
☆ ☆ ☆ ☆ ☆

Hike/Trail Name: _____

Date: _____   Distance: _____

Location: _____

Companions: _____

Weather
Temperature: _____

☀ ⛅ ☁ 🌧

Difficulty/Trail Description
1   2   3   4   5

Best three things about the hike:
1. _____
2. _____
3. _____

Description/Highlights: _____

_____
_____
_____
_____
_____
_____
_____

Hike Overall Rating
☆ ☆ ☆ ☆ ☆

Hike/Trail Name: _____

Date: _____   Distance: _____

Location: _____

Companions: _____

Weather
Temperature: _____

☀️ 🌦️ ☁️ 🌧️

_____
_____

Difficulty/Trail Description

1   2   3   4   5

_____
_____

Best three things about the hike:

1. _____

2. _____

3. _____

Description/Highlights: _____

_____
_____
_____
_____
_____
_____
_____

Hike Overall Rating
☆ ☆ ☆ ☆ ☆

Hike/Trail Name: _____

Date: _____   Distance: _____

Location: _____

Companions: _____

Weather
Temperature: _____

☀   🌦   ☁   🌧

_____

Difficulty/Trail Description

1   2   3   4   5

_____

Best three things about the hike:

1. _____

2. _____

3. _____

Description/Highlights: _____

_____

_____

_____

_____

_____

_____

_____

Hike Overall Rating

☆ ☆ ☆ ☆ ☆

60

Hike/Trail Name: _____

Date: _____   Distance: _____

Location: _____

Companions: _____

Weather
Temperature: _____

☀︎ ⛈ ☁︎ 🌧

_____
_____

Difficulty/Trail Description

1   2   3   4   5

_____
_____

Best three things about the hike:

1. _____

2. _____

3. _____

Description/Highlights: _____

_____
_____
_____
_____
_____
_____
_____

Hike Overall Rating
☆ ☆ ☆ ☆ ☆

Printed in Great Britain
by Amazon